# BEI GRIN MACHT SICH IHR WISSEN BEZAHLT

- Wir veröffentlichen Ihre Hausarbeit,
  Bachelor- und Masterarbeit

- Ihr eigenes eBook und Buch -
  weltweit in allen wichtigen Shops

- Verdienen Sie an jedem Verkauf

Jetzt bei www.GRIN.com hochladen
und kostenlos publizieren

Regina Steinbügl

# Igor Strawinsky: Russe, Schweizer, Franzose oder Amerikaner?
# rikaner?

## Eine Untersuchung anhand der Sinfonie in C

GRIN Verlag

**Bibliografische Information der Deutschen Nationalbibliothek:**

Die Deutsche Bibliothek verzeichnet diese Publikation in der Deutschen National-
bibliografie; detaillierte bibliografische Daten sind im Internet über http://dnb.d-
nb.de/ abrufbar.

**Impressum:**

Copyright © 2012 GRIN Verlag GmbH
Druck und Bindung: Books on Demand GmbH, Norderstedt Germany
ISBN: 978-3-656-26802-4

**Dieses Buch bei GRIN:**

http://www.grin.com/de/e-book/196484/igor-strawinsky-russe-schweizer-franzose-
oder-amerikaner

**GRIN - Your knowledge has value**

Der GRIN Verlag publiziert seit 1998 wissenschaftliche Arbeiten von Studenten, Hochschullehrern und anderen Akademikern als eBook und gedrucktes Buch. Die Verlagswebsite www.grin.com ist die ideale Plattform zur Veröffentlichung von Hausarbeiten, Abschlussarbeiten, wissenschaftlichen Aufsätzen, Dissertationen und Fachbüchern.

**Besuchen Sie uns im Internet:**

http://www.grin.com/

http://www.facebook.com/grincom

http://www.twitter.com/grin_com

LMU München

Institut für Musikwissenschaft

Hauptseminar: Musik im Exil, Werke europäischer Komponisten in den USA 1933-1945

Wintersemester 2010/11

Datum: 28.04.2012

# IGOR STRAWINSKY: RUSSE, SCHWEIZER, FRANZOSE ODER AMERIKANER? – EINE UNTERSUCHUNG ANHAND DER SINFONIE IN C

# INHALT

# I  EINLEITUNG

*„Strawinskys ‚Exil' war ein künstlerisches, das lange vor Weltkrieg, Revolution oder Bürgerkrieg einsetzte […]."* [1]

Mit diesen Worten beschreibt der Musikwissenschaftler Christoph Flamm das Exilleben Igor Strawinskys, der im Laufe seines Lebens in Russland, der Schweiz, Frankreich und Amerika beheimatet war. Wie viele Komponisten seiner Zeit (z.B. Hindemith, Schönberg, Weill usw.) floh auch er vor den Unruhen in Europa und fand als letzte Station Exil in den USA. Doch welche Beweggründe er wirklich hatte, welche Auswirkungen die Ortswechsel auf seine Musik hatten, und wie er sich letztendlich im neuen Leben fühlte, das soll in folgender Arbeit untersucht werden. Zuerst soll sei Lebenslauf dargestellt werden, anschließend sein Werk und sein Kompositionsstil. In einem abschließenden Punkt soll die „Sinfonie in C", die auf zwei verschiedenen Kontinenten, also genau in einer erneuten Umbruchphase, geschrieben wurde, analysiert werden.

# II  IGOR STRAWINSKY: RUSSE, FRANZOSE ODER AMERIKANER? – EINE UNTERSUCHUNG ANHAND DER SINFONIE IN C

## 1  BIOGRAFIE

Betrachtet man das Leben Igor Strawinkys, so lässt es sich in vier Etappen einteilen, ausgerichtet nach dem jeweiligen Aufenthaltsort: Russland (1882-1914), Schweiz (1914-1920), Frankreich (1920-1939) und USA (1939-1971). In allen Ländern hat er gelebt und als Komponist/Musiker gewirkt.

---

[1] Flamm 2008, S. 183

## 1.1   RUSSLAND

Igor Strawinsky wurde im Jahr 1882 in Oranienbaum bei St. Petersburg geboren. Als Sohn musikalischer Eltern (der Vater war Bassist der Kaiserlichen Oper in Kiew) erhielt er bereits sehr früh neben der regulären Schulbildung auch Unterricht in Klavier, Harmonielehre und Komposition und zeigte bald eine auffallende Begabung zur Improvisation. 1903 begann er – nach einem bereits erfolgreichen Rechtswissenschafts-Studium – mit dem Studium der Musik in St. Petersburg. Der berühmte Komponist Nikolaj Rimskij-Korsakov unterrichtete ihn in dieser Zeit in Komposition. 1909 wurde Strawinsky Mitarbeiter des russischen Balletts in Paris, für das er die Werke „Der Feuervogel" (1910) und „Petruschka" (1911) schrieb. [2]

## 1.2   SCHWEIZ

1914 übersiedelte Strawinksy in die Schweiz, nachdem er zuvor bereits mehrere Aufenthalte dort gemacht hatte. Nach der russischen Revolution kehrte er nicht mehr in sein Geburtsland zurück, sondern blieb in seiner neuen Wahlheimat. Dort komponierte er das Ballett „Le Sacre de Printemps", das 1913 in Paris uraufgeführt wurde und einen der größten Theaterskandale verursachte, ausgelöst durch die bisher nicht gewohnte bzw. bekannte Rhythmen, Harmonien, Klangfarben und Melodien. Auch die Opern „Le Rossignol" (1914) und „Histoire du Soldat" (1918) wurden in der Schweiz geschrieben, ebenso wie die vier Lieder „Pribautki" (1914), die von Jazz-Elementen geprägt sind. In der Schweiz hielt er sich bis 1920 auf. [3]

## 1.3   FRANKREICH

Strawinskys nächste Station war Frankreich. Er lebte dort bis 1939 und erhielt 1934 sogar die französische Staatsbürgerschaft. Besonders geprägt wurde diese Zeit durch die Komposition des Balletts „Pulcinella" (1920) und der Opern „Mavra" (1922) und

---

[2] Dömling 1982, S. 8ff
[3] Ebd., S. 43ff

„Oedipus Rex" (1926), bei denen deutlich ein Wandel der Kompositionstechnik in Rich-
tung des Neoklassizismus vollzogen war (siehe Punkt 3). [4]

## 1.4  AMERIKA

Nachdem er 1939 bereits als Gastdozent seine berühmte Vorlesungsreihe „Poétique
musicale" an der Harvard Universität in Cambridge/USA abgehalten hatte, zog Stra-
winsy nach der Besetzung Frankreichs noch im gleichen Jahr ganz nach Amerika.
Auch hier erhielt er die Staatsbürgerschaft im Jahr 1946. Nur einmal kam er zurück
nach Europa: Für die Uraufführung seiner Oper „The Rake's Progress" im Jahr 1951.
1967 wurde ihm in New Jersey/USA an der Rutgers-Universität  die Ehrendoktorwürde
verliehen. Schon zehn Jahre vorher begann er, sich mit der seriellen Musik auseinan-
derzusetzen. 1971 starb Strawinsky in New York. Er wurde auf der Toteninsel San Mi-
chele bei Venedig beigesetzt. [5]

## 2  WERKE

Igor Strawinsky schrieb zahlreiche Werke, darunter besonders viele Bühnenwerke
(Oper, Ballett usw.). Nachfolgend ein Auszug davon:

Opern und sonstige Bühnenwerke

Le Rossignol (1914)

Histoire du Soldat (1918)

Les Noces (1923)

Oedipus Rex (1927/1948)

The Rake's Progress (1951)

Perséphone

Die Sintflut (1963)

---

[4] Ebd., S. 70ff
[5] Ebd., S. 106ff

<u>Ballette</u>

L'Oiseau de feu (1910)                   Le Baiser de la fée (1928)

Petrouchka (1911)                        Orpheus (1957)

Le sacre du printemps (1913)             Agon (1953/1964)

Pulcinella (1920)


<u>Vokalwerke</u>

*Psalmensinfonie* für Chor und Orchester (1930/1949)

*Babel* für Sprecher, zweistimmigen Männerchor und Orchester (1944)

*Mass* für Chor und Orchester (UA 1948)


<u>Orchesterwerke</u>

*Sinfonie* Es-Dur op. 1 (1905-07)        Sinfonie in 3 Sätzen (1942-45)

*Konzert* für Violine und               Zirkuspolka (1942/44)

    Orchester in D (1931)    Scherzo à la Russe (1944)

*Konzert* in Es für Kammerorchester     Fanfare for a new Theatre (1964)

    „Dumbarton Oaks" (1937/38)

*Sinfonie in C* (1939/40)


<u>Klavierwerke</u>

Sonate pour piano (1924)

4 Etüden op. 7 (1908)

Serenade en la (in A) (1925)

Piano-Rag-Musik (1919) [6]


## 3    STIL

Igor Strawinskys Kompositionsstil lässt sich in drei Phasen einteilen, die sich im Laufe der Zeit entwickelten: Die Russische, die Neoklassische und die Serielle Phase. Im

---

[6] Ebd., S.149ff

Kern blieb er sich in seinen Kompositionen immer selbst treu, und nahm diese Einflüsse nur als Ergänzung zu seinem eigentlichen Stil.

Hierfür sind vor allem nennenswert: die Motivformeln, eine sehr große Bedeutung der Rhythmik, schnittartige Reihung von Abschnitten und das Bewegen in mehreren tonalen Ebenen gleichzeitig. [7]

## 3.1   RUSSISCHE PHASE (CA.1908-1919)

Die Russische Phase ist geprägt von einem spätromantisch-impressionistischen Einfluss. Eine große Orchestrierung und das Aufgreifen von russischer Volksmusik sind die Hauptmerkmale für diese Stilphase. Beispiele sind Werke wie z.b. „L'Oiseau de feu", „Petrouchka", „Le sacre du printemps" und „Histoire du Soldat". [8]

## 3.2   NEOKLASSISCHE PHASE (CA. 1920-1954)

In der Neoklassischen Phase griff Strawinsky auf alte klassische Formen und Techniken der Musik (z.B. Fuge) zurück, die er dann entfremdete und seinem eigenen (rhythmisch geprägten) Stil anpasste. Auffallend ist hier die Polytonalität, eine ausgeprägte Rhythmik, mitunter wurden Zitate der Unterhaltungsmusik und des Jazz verarbeitet. „Pulcinella", „Ödipus Rex", „The Rake's Progress", die „Symphony in three movements" und die „Symphony in C", die im nächsten Kapitel behandelt wird, sind einige Beispiele für diese Phase. [9]

## 3.3   SERIELLE PHASE (CA. 1954-1966)

In der letzten – der Seriellen – Phase wandte sich Strawinsky, wie der Name schon sagt, seriellen Kompositionstechniken zu. Vor allem die Zwölftontechnik ist ein häufiges

---

[7] Vgl.: http://de.wikipedia.org/wiki/Igor_Fjodorowitsch_Strawinski
[8] Ebd.
[9] Ebd.

Merkmal dieser Phase, beispielsweise zu erkennen in Werken wie „Cantata", „The Flood" oder „Agon". [10]

# 4    SINFONIE IN C

Die Arbeit Sinfonie in C, eine von seinen fünf Sinfonien (die „Psalmensinfonie mit einbezogen) begann Strawinsky im Jahre 1938. Sie diente als Auftragswerk des Chicago Symphony Orchestra anlässlich des fünfzig-jährigen Bestehens:

*„This symphony, composed to the Glory of God, is dedicated to the Chicago Symphony Orchestra on the occasion of the Fiftieth Anniversary of its existence."* [11]

Aufgrund mehrerer privater Schicksalsschläge (in der Zeit starben zuerst seine Tochter, anschließend seine erste Ehefrau und seine Mutter- auch Strawinsky selbst litt immer wieder unter Krankheiten) und der weltpolitischen Situation (der 2. Weltkrieg) wurde die Arbeit mehrmals unterbrochen. [12]

Beeindruckend ist, dass die ersten beiden Sätze noch in Frankreich (1.Satz: Herbst 1938 in Paris, 2.Satz: März 1939 in Sancellemoz), die letzten beiden bereits in den USA (3.Satz: Winter 1939/40 in Cambridge, 4.Satz: Sommer 1940 in Hollywood) geschrieben wurden. 1940 beendete er die Komposition, die noch im selben Jahr unter seiner eigenen Leitung in Chicago uraufgeführt wurde. [13]

Die Besetzung der Sinfonie entspricht der eines romantischen Sinfonieorchesters (Piccolo, 2 Flöten, 2 Oboen, 2 Klarinetten, 2 Fagotte, 4 Hörner, 2 Trompeten, 3 Posaunen, Basstuba, Pauken, Streicher), die Grobstruktur ist traditionell viersätzig:

1    Moderato alla breve

2    Larghetto concertante

3    Allegretto

4    Largo; Tempo giusto, alla breve

Strawinsky komponierte hier im neoklassischen Stil, nahm also klassische Formen als Grundlage (zum Beispiel stehen der erste und der vierte Satz in der Sonatenhauptsatzform) und spielte mit der klassischen Periode.

---

[10] Ebd.
[11] Widmung auf dem Titelblatt der Komposition, Vgl. White 1979, S.403
[12] Strawinsky 1983, S. 47f
[13] White 1979, S.403

Er selbst bezeichnete die Sinfonie als eine seiner „weißesten Partituren", womit die weißen Klaviertasten gemeint sind: Das Werk ist sehr diatonisch, frei von Chromatik.

## 4.1 ERSTER SATZ: MODERATO ALLA BREVE

Die Form des ersten Satzes entspricht einer Sonatenhauptsatzform, allerdings in einer anderen tonalen Struktur als üblich:

| | |
|---|---|
| 1-25 | Introduktion (C-Dur + fis) |
| 26-148 | **Exposition** |
| 26-59 | Hauptsatz (C-Dur, ab 34 + fis, cis, gis, dis, ab 40 +b, es, as) |
| 60-96 | Überleitung |
| 96-148 | Seitensatz (F-Dur mit gis, ab 109 auch h) |
| 149-219 | **Durchführung** |
| 220-225 | Rückführung |
| 226-309 | **Reprise** |
| 226-260 | Reprise Hauptsatz (C-Dur + fis) |
| 261-277 | Reprise Überleitung (verkürzt) |
| 278-292 | Reprise Seitensatz (C-Dur + dis) |
| 293-309 | Reprise Überleitung (2.Teil) |
| 310-368 | **Coda** (C-Dur, f↔fis und h↔b) [14] |

Statt der üblichen Quinte steht der Seitensatz also in der Quarte.

Ausgehend von einem diatonischen C-Dur tauchen außerdem immer wieder, in der Reihenfolge des Quintenzirkels, leiterfremde Vorzeichen auf, wodurch „Vorzeichen-Konflikte" entstehen, beispielsweise zwischen f und fis oder h und b auf. Strawinsky arbeitet also auf zwei tonalen Ebenen (eine Art „Bitonalität"), wobei die erste Ebene eindeutig ist (C-Dur), die zweite durch die auftauchenden Vorzeichen nur angedeutet wird.

Weiter auffallend und für den Komponisten charakteristisch ist das schnittartige Reihen von Abschnitten, das heißt, Überleitung fallen sehr knapp aus oder fehlen ganz.

---

[14] Vgl. Reutter, S.44

Aufgebaut ist der komplette erste Satz auf das Dreiton-Motiv h-c-g, welches gleich im zweiten Takt vorgestellt wird und sich durch sämtliche folgende motivische Arbeit zieht. Statt von einem Thema bzw. Motiv wird hier eher von einer „Devise" geredet, die fortgesponnen und zu einem Thema entwickelt wird. [15]

## 4.2  ZWEITER SATZ: LARGHETTO CONCERTANTE

Im zweiten langsamen Satz ist das Orchester um einen Großteil der Blechbläser reduziert. Das Thema, das starke Zusammenhänge mit der Devise des ersten Satz hat, zieht sich durch das Larghetto. Ein Kontrast entsteht durch den Mittelteil, der als *Doppio movimento* bewegter und schneller ist. [16]

## 4.3  DRITTER SATZ: ALLEGRETTO

Der dritte Satz folgt ohne Unterbrechung direkt im Anschluss. Die Devise, die hier im Vordergrund steht, wird aus dem Motiv der letzten drei Noten des zweiten Satzes gesponnen (von F- nach G-Dur transponiert). Ein „Dialog" zwischen den beiden Fagotten dient als Überleitung zum letzten Satz. [17]

## 4.4  VIERTER SATZ: LARGO; TEMPO GIUSTO, ALLA BREVE

Im vierten Satz ist eine eindeutige Parallele zum ersten Satz erkennbar. Die Motiveformel b-h-g taucht auch hier wieder auf und bildet die zentrale Devise des Satzes. Somit wurde die Sinfonie motivisch und strukturell abgerundet. [18]

---

[15] White, S. 405f
[16] Ebd., S. 406f
[17] Ebd., S. 407f
[18] Ebd., S. 408

## 4.5   ZUSAMMENFASSUNG

Strawinsky ist mit der Sinfonie in C eine interessante und in sich stimmige Komposition gelungen. Durch die thematisch-motivische Vereinheitlichung, also die Devise, die sich durch alle Sätze zieht, sowie durch die Anlehnung („Verbeugung"[19]) an die klassische Sinfonie schuf er eine Verbindung zwischen „alt" und „neu", die bisweilen an Filmmusik erinnert.

# III  SCHLUSS

Strawinskys ältester Sohn Théodore beschreibt wohl am treffendsten, wie sich dessen „Exil"-Leben auf ihn auswirkte:

*„Angesichts der Schicksalswendungen in seinem Leben ist es müßig, sich zu fragen, was aus ihm ohne den Ersten Weltkrieg und ohne die russische Revolution geworden wäre. Doch ist die Feststellung wichtig, dass nicht darin die Ursachen seines ‚Exils' zu suchen sind. [...] Die Sehnsucht nach seiner Heimat entsprang keineswegs irgendeinem Gefühl der Entwurzelung – jenem Gefühl, das einen befällt, wenn äußere Umstände einen zwingen, in einer fremden Welt zu leben. Strawinsky fühlte sich überall heimisch und in den romanischen Ländern mehr als irgendwo anders."* [20]

Strawinsky empfand seine Ortswechsel also nicht als Exil, sondern als freie Entscheidung seinerseits, um sich noch besser der Musik widmen zu können. Dies zeigt sich auch in seinen Kompositionen – weder lässt er sich von der neuen Umgebung so stark beeinflussen, so dass es einen kompletten Wandel oder Bruch seines Stiles gibt (bzw. keiner, der zeitgleich mit einem Ortswechsel auftaucht), noch beharrt er auf seinen Ursprüngen, ohne sich auf etwas Neues einzulassen. Vielmehr bleibt er sich selbst treu und lässt in seinen Werken immer ein Stück seiner russischen Heimat durchsickern (starke Rhythmik, Volksliedcharakter usw.), findet aber auch neue Einflüsse und Wege, mit denen er seine Verbundenheit auch der neuen Heimat gegenüber zeigt (z.B. „Symphony in three movements", „The Rake's Progress").

Insofern war Strawinsky wohl von allem etwas: Russe, Franzose und Amerikaner.

---

[19] Vgl. Reutter, S. 47
[20] Ebd., S. 183

# LITERATUR

Dömling, W./ Hirsbrunner, T.: *Über Strawinsky*. Laaber: 1985

Dömling, W.: *Igor Strawinsky*. Hamburg: 1982

Flamm, C.: *Igor Strawinsky – auf der Suche nach innerer Heimat*. In: Zehentreiter, F. (Hg.): *Komponisten im Exil: 16 Künstlerschicksale des 20. Jahrhunderts*. Berlin: 2008

http://de.wikipedia.org/wiki/Igor_Fjodorowitsch_Strawinski (Stand: 23.04.2012)

Reutter, H.P.: *Wege durch das frühe 20. Jahrhundert*. (http://www.satzlehre.de/themen/strawinsky.pdf (Stand: 23.04.2012))

Scherliess, W.: *Strawinsky*. Laaber: 1983

Strawinsky, I: *Themes and Conclusions*. Berkeley: 1983

White, E.W.: *Stravinsky, the composer and his works*. London: 1979